Zhongguo Wenhua
Zhishi Duben

中国文化知识读本

主编 金开诚

编著 毛益磊

侗 族

吉林出版集团有限责任公司

吉林文史出版社

图书在版编目（CIP）数据

侗族／毛益磊编著．—长春：吉林出版集团有限
责任公司：吉林文史出版社，2010.4（2022.1重印）
（中国文化知识读本）
ISBN 978-7-5463-2923-9

Ⅰ．①侗… Ⅱ．①毛… Ⅲ．①侗族－民族文化－中国
Ⅳ．① K287.2

中国版本图书馆 CIP 数据核字〔2010〕第 073038 号

侗族

DONG ZU

主编／金开诚 编著／毛益磊

项目负责／崔博华 责任编辑／曹恒 崔博华

责任校对／王非 装帧设计／李岩冰 刘冬梅

出版发行／吉林文史出版社 吉林出版集团有限责任公司

地址／长春市人民大街4646号 邮编／130021

电话／0431-86037503 传真／0431-86037589

印刷／三河市金兆印刷装订有限公司

版次／2010 年 4 月第 1 版 2022 年 1 月第 3 次印刷

开本／650mm×960mm 1/16

印张／8 字数／30千

书号／ISBN 978-7-5463-2923-9

定价／34.80元

关于《中国文化知识读本》

　　文化是一种社会现象，是人类物质文明和精神文明有机融合的产物；同时又是一种历史现象，是社会的历史沉积。当今世界，随着经济全球化进程的加快，人们也越来越重视本民族的文化。我们只有加强对本民族文化的继承和创新，才能更好地弘扬民族精神，增强民族凝聚力。历史经验告诉我们，任何一个民族要想屹立于世界民族之林，必须具有自尊、自信、自强的民族意识。文化是维系一个民族生存和发展的强大动力。一个民族的存在依赖文化，文化的解体就是一个民族的消亡。

　　随着我国综合国力的日益强大，广大民众对重塑民族自尊心和自豪感的愿望日益迫切。作为民族大家庭中的一员，将源远流长、博大精深的中国文化继承并传播给广大群众，特别是青年一代，是我们出版人义不容辞的责任。

　　《中国文化知识读本》是由吉林出版集团有限责任公司和吉林文史出版社组织国内知名专家学者编写的一套旨在传播中华五千年优秀传统文化，提高全民文化修养的大型知识读本。该书在深入挖掘和整理中华优秀传统文化成果的同时，结合社会发展，注入了时代精神。书中优美生动的文字、简明通俗的语言、图文并茂的形式，把中国文化中的物态文化、制度文化、行为文化、精神文化等知识要点全面展示给读者。点点滴滴的文化知识仿佛繁星，组成了灿烂辉煌的中国文化的天穹。

　　希望本书能为弘扬中华五千年优秀传统文化、增强各民族团结、构建社会主义和谐社会尽一份绵薄之力，也坚信我们的中华民族一定能够早日实现伟大复兴！

目录

一

依山傍水的神秘民族

贵州黔东南地区从江县肇兴侗
寨民居

侗语属于汉藏语系壮侗语族的侗水语支。以锦屏县南部的启蒙一带分为界线，划分为南北两个方言区，各包括三个土语区。由于侗族与其他民族特别是汉族在经济文化上的长期交往，侗语中吸收了不少汉语借词，许多人也都会说汉语。锦屏、天柱、新晃等汉族较多地区，普遍以汉语作为主要交际工具。居住在侗族聚居区的汉族和其他少数民族也有不少人能说侗语。

侗族分布地区气候温和，霜期短，年平均温度摄氏 16 度左右；雨量充沛，年平均 1200 毫米左右，为山区发展农林业生产提供了良好的条件。境内地势西北高东南低，海拔500—1000之间。北部有武陵山脉和苗岭支系横贯黔东和湘西，清水江和渠水流经其间，为沅江直流，属长江水系。南部苗岭山脉绵亘于黔东南、湘西南和桂北一带，有都柳江、浔江和融江等河流，属珠江水系。

侗族地区有着丰富的物产资源。粮食作物以水稻为主，还有小米、红薯、包谷、小麦等。经济作物有棉花、烟草、油桐、油茶、油荣等。土特产以藏江西的滚郎茶、通道的核桃较为著名。药材主要有茯苓、沙参、麦冬、牛黄等。侗族地区的森林资源十分丰富，其中以杉木的产量为最多。杉木是

云南保山地区怒山坝

依山傍水的神秘民族

优良的建筑用材，它的特点是树干笔直，防腐性强，并且成长迅速；每年沿清水江、都柳江流放外运的杉木达数十万立方米，远销全国各地。此外，煤、铁、汞、磷、硫磺、石棉等矿的蕴藏量也很丰富，目前，铁、汞矿已大量开采。

主要城镇有新晃、通道、锦屏、天柱、黎平、镇远、榕江、三江、龙胜、融安等县城。黔东南苗族侗族自治州首府凯里，是解放后新建的城市，是黔东南政治、经济、文化的中心。

陆路交通主要干线有湘黔公路经镇远、三穗、新晃与长沙、贵阳相连接; 桂(林)穗(三穗)

侗族水车

清水江

公路经三穗、天柱、锦屏、靖县、通道。支线有锦（屏）榕（江）公路、凯（里）榕（江）公路以及黎平到从江的八洛、龙胜的瓢里到平等、三江到融安的沙泥。这些公路都是解放后新建或改建的。目前，县与县都已有公路相通。同时，在区乡之间修筑了许多简易公路和乡村大道。

水路交通有清水江沟通剑河、锦屏和洪江等城镇，渠水流经黎平、通道、靖县、会同等地，浔江、都柳江把龙胜、三江、榕江三县联系起来。这些河流均可通行木船，解放后经过大力疏通，已有若干段可通行浅水汽轮。

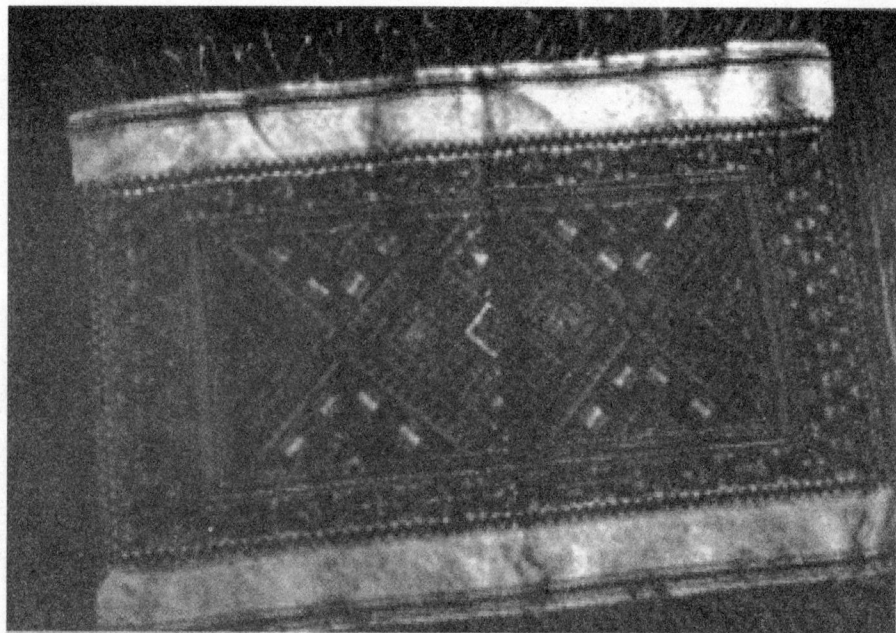

侗帕

这些公路、河道与乡村道路构成了侗族地区的交通运输网，促进了社会经济的发展，加强了与外界的联系。

侗族人民以长期的辛勤劳动，在崇山峻岭中开辟了许许多多的梯田，筑造了大大小小的沟渠，开发了山区。建筑艺术尤为侗族所擅长，很早以前就能修筑结构复杂、外形美观的鼓楼、风雨桥和小凉亭。民间手工艺制品，有色彩鲜艳的侗锦和图案精致的侗帕。侗布经久耐用，以榕江的三宝侗布最盛名。侗族的编织、雕刻以及生活中常用的竹藤、木器等，也都精致实用。

侗族人民除了在生产劳动中积累了丰富的

农事、气象、医药和冶炼等科学技术和知识
外，还创造了本民族优美的民间文学和民间
音乐，如叙事长诗《珠郎娘美》和琵琶歌，
多声部合唱的大歌以及侗戏等，都具有独特
的风格。

　　长期以来，侗族人民与各族人民一起，
向历代统治阶级进行了无数次不屈不挠的斗
争。明洪武年间，侗族人民在吴勉的领导下，
曾进行过反压迫、反剥削的大起义。清咸丰
年间，在太平天国革命运动的影响下，侗族
地区爆发了姜映芳领导的农民大起义，与张
秀眉领导的苗族农民起义军并肩作战，坚持
了十八年之久。

侗族的干栏式民居

依山傍水的神秘民族

二 颇具渊源的民族历史

贵州黔东南地区侗蔟民居

侗族是我国南方少数民族之一，同中国南方的古越人有着十分复杂而密切的渊源。大致说来，侗族同古越人中的"骆越"这一支系有族源上的关系，这当然是一个十分难以考证的问题，但从目前的研究成果来看，侗族从明清以来直至今日仍然保留的许多习俗，与古代越人的习俗非常相似。明代郭子章的《黔记》中载有峒人"溽暑男女常浴于川"，这与《汉书》中描述的"骆越之人，父子同川而浴"的习俗相同，"断发文身"之俗在有关的侗族历史记录和今天的侗族习俗中仍可见到。此外，越人"巢居"之俗，在侗族地区至今仍然可见其余绪，村落依山傍水，干栏式楼房在侗乡举目可见。越人的"鸡卜""卵卜""米卜"在从江县的九洞、西山等地亦有残留。与我国古代"百越"中的"西呕"（又称"西瓯"或"瓯骆"，即骆越）及后来演变的"乌浒""僚"有密切关系。秦始皇时，曾用五十万大军为五路进攻岭南一带，其中"塞镡城之岭"的第一军正面与"西呕"部族接触。秦取岭南后，设置了桂林、象郡、南海三郡，其中象郡有镡城县。 西汉元凤五年（前76年）秋，"罢象郡，分属郁林、牂牁"二郡，镡城县改隶武陵郡，地处"武陵西，南接郁林"。魏晋至南北朝，这

湘西武陵源天子山

颇有渊源的民族历史

一带的居民被称为"乌浒"或"僚浒""僚"。(南北朝)盛弘之《荆州记》载:"舞溪僚、浒之类,其县人但羁縻而已。溪山阻绝,非人迹所覆。又无阳(县名,辖今贵州的天柱、三穗、玉屏、万山和湖南的新晃、芷江、会同等地)乌浒万家,皆咬蛇鼠之肉,能鼻饮。" 到唐代,史籍将故无阳县一带的居民称为"峒蛮"。《唐书》记载:"唐元和六年(811年),黔州大水,环城郭,观察使窦群发'峒蛮'治城,督促太急,于是辰、叙二州蛮张伯靖等反。"到北宋时,在故无阳县西南出现了佶伶(仡伶)的单一族称,其表现于政治、军事和经济方面的活动开始被载入史册。 北宋熙宁五年(1072年),

侗族村落依山傍水

古代礼制文化

懿、洽州（辖地与故无阳县同）发生了"蛮酋"合"佶伶"抗拒官军之事。其中，有"佶伶万众乘舟屯托口（今湖南黔阳县属，位于渠水、清水江交汇处），神宗皇帝和王安石为之震动"。到南宋，史籍将"佶伶"改称"仡伶"，仍以抗拒官军著称。陆游《老学庵笔记》卷四记载："辰、沅、靖州蛮，有仡伶……俗亦土著……诸蛮唯仡伶颇强。"当时，在"仡伶"中，以靖州（辖今湖南的会同、靖州、通道、绥宁和贵州的黎平、锦屏、天柱南部及广西的三江等地）杨姓和沅州（辖地与故无阳县

干栏式房屋在侗乡举目可见

同）吴姓的势力较强。乾道七年 (1171 年)，知辰州章才邵说，沅陵浦口的膏腴水田，给"靖州仡伶杨姓者佃作而课其租"，结果"杨氏专其地将二十年"。由于"其地当沅、靖二州水陆之冲"，宋朝官吏对其实力之扩展，日夜畅厉。淳熙十一年 (1184 年)，"沅州生界仡伶副峒官吴自由子三人，货丹砂麻阳，巡检唐人杰诬为盗，执之送狱，自由率峒官杨友禄等为乱"。同时，沅州西南的"古州"（辖今芷江、新晃、玉屏、万山等地）和"思州"南部（辖及今镇远、岑巩、三穗、江口、铜仁、石阡等地），仍为"沅州生界仡伶"居住地。靖州东面的邵州西部即原徽州地，也为仡伶杨氏居住地。靖州南面之浔江、融江和王江流域（今都柳江中、上游），也为仡伶杨氏活动范围。佶伶（仡伶）居住的溪峒，在侗语中至今还保留着"九溪十八峒""九溪十峒""五溪峒"以及诚州、五开等古地名。

侗族民居

颇有渊源的民族历史

民居与粮垛

　　清初实施"改土归流"，清朝对侗族人民进行直接统治，土地日益集中，进入封建地主经济发展阶段。但是，侗族社会内部某些氏族组织残余，例如以地域为纽带，具有部落联盟性质的"合款"，仍普遍存在。每个氏族或村寨，皆由"长老"或"乡老"主持事务，用习惯法维护社会秩序。"合款"分大小。"小款"由若干毗邻村寨组成；"大款"由若干"小款"联合。"小款首"由寨内公推，"大款首"由"小款首"商定。共同议定的"款约"必须遵守，款民大会是最高权力组织，凡成年男子均须参加，共议款内事宜。

三　侗寨鼓楼的奇特玄妙

贵州黔东南黎平县肇兴侗寨鼓楼

侗寨鼓楼是侗家住宅的标志，侗语称为"堂卡"或"堂瓦"，鼓楼分为多柱和独柱两类，多柱即由四根主柱和十二跟衬柱组成，独柱即由一根中柱支撑，直立于鼓楼中央，直伸顶端，底层四根衬柱。不论何种建筑形式，其顶层均置放齐心鼓，故人们称之为鼓楼。在贵州东南部侗族聚居的地区观光游览时，常会看到山寨中、村落旁立着一种宝塔形的建筑物，它以杉木作料，不施一钉一铆，柱、枋的横穿、斜挂、直撑，一律采用接榫与悬柱结构，牢固又严谨。侗家人历来是同姓聚居，一寨一姓建鼓楼一座，一寨多姓则建多座鼓楼。外人来这里做客，可根据这一族姓的

贵州黔东南榕江侗寨建筑

象征物来分辨当地居民族姓情况。侗寨鼓楼或独立或连接并排，自然形成了独具特色却又彼此有别的建筑风貌，成为赴黔旅游不可缺少的一个节目。鼓楼是由侗族自己的能工巧匠自行设计，没有图纸，数百根梁、柱、枋的尽寸全凭心中计算。整体全系木质结构，以杉木凿榫衔接，不用一钉一铆，上下吻合，采用柱杆原理，层层支撑而上。鼓楼造型有三层、五层、七层、九层乃至十余层不等。一般分上中下三个部分。上部为顶尖部，由一根铁柱立于顶盖中央，套上陶瓷宝珠，呈葫芦型，犹如落尖，凌空而立。顶盖多为伞型，有四角、

侗寨鼓楼的奇特玄妙

鼓楼顶层均放置齐心鼓

六角、八角形状。中部为层层叠楼，形似宝塔楼身。楼植有四角、六角、八角，每个边角均为翘角，并雕塑禽兽，神形兼备，栩栩如生。翘角层层叠叠，重檐而上。从上而下，一层比一层大，极为壮观。植板上绘有龙凤鸟兽、古今人物、花草鱼虫以及侗族生活风俗画，玲珑雅致，五彩缤纷。底部多为正方形，楼四周设有木质长凳，供人歇坐，中间是圆形大火塘。鼓楼有一个神圣的身份，使鼓楼和本民族最古老的宗教信仰建立起一种渊源和传承上的关系。这也是后来的鼓楼成为宗族权威标志的最深层的文的基础。此外，就是玄妙的风雨桥了。侗寨的寨尾或寨头及鼓楼附近，建有一些木桥，木桥有廊有顶，俨然一座廊桥，可以避风雨、纳清凉，故称"风雨桥"。桥体多刻意装饰，层檐重叠，桥身绘有彩画，故又称"花桥"。侗寨的花桥虽然是以利于交通以及供人歇坐、交往闲话的地方，但从建寨的理念和大结构的布局上，却是从风水上来考虑的。风雨桥一般坐落于龙脉消歇隐退以及一寨的水口之位置，此间修一座桥，可以起到把龙气融会贯通、调和理气的作用。侗族在建造风雨桥时，哪怕是最不讲究的、最简陋的风雨桥，也都要

古代礼制文化

鼓楼不施一钉而成

把它弄成多重檐的，或至少有两层檐
的骨架复杂的廊桥，即便是很短小的
桥也会如此，人们甚至在桥的廊顶上
修出数个多层檐的亭阁宝顶。这种桥
看起来就像是带了鼓楼的长廊。有许
多侗寨把鼓楼和风雨桥修在一起，它
们挨得非常的近。同鼓楼一样，风雨
桥上最显著的装饰物就是龙，人们还

侗寨鼓楼的奇特玄妙

榕江侗寨建筑

喜欢在风雨桥上大事彩绘。这些繁复的形式背后有着一定的深意。联系到侗族与越人龙文化的诸多渊源，侗族如此热衷于一座桥的装饰，目的就是要呼唤出深藏在心灵中和文化中的龙的意象。鼓楼建筑风格独特，引起了国内外有关专家学者的关注。联合国机构的一位官员称赞说："别具一格的侗族鼓楼建筑艺术，不仅是中国建筑艺术的瑰宝，而且是世界建筑艺术的瑰宝。"

四 南北服饰的大同小异

侗族服饰历来是侗族人民追求美的重要组成部分，也是侗族社会发展的重要标志。因各地生活习惯有所不同，侗族服饰也多种多样，各有差异。侗族的服饰，若以居住的地域划分，可大致分南北两种类型，各具特色。北部地区天柱、锦屏等地，由于水陆交通较为便利，生产水平较高，文化水平较发达。因此，男子服饰的演变与汉族服饰基本相似。唯妇女的服饰除县城地区外，仍保持着传统的特色。以锦屏县平秋侗族服饰为例：平秋地区妇女服饰的盛装，其穿着的布料从种植棉花、纺纱织布，到种靛印染、缝纫织绣，都是妇女一手操作，展示了她们的勤劳与智慧。外衣大多为青色，右衽圆领，钭襟开扣，

黎平尚重盖宝侗族服饰

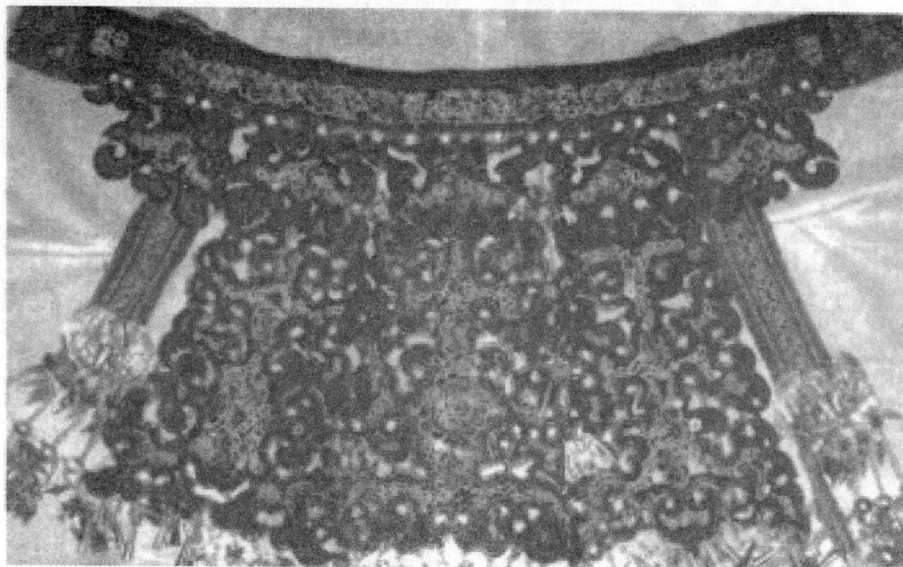

侗族妇女制作的服饰展示了她们的勤劳与智慧

托肩彩色滚边，衣长至大腿中部、衣脚有红色内套露出。衣袖平手膀，袖口镶花边。腰系彩色腰带，背后有两条带幛，随着人物走动而翩翩起舞。内衣为白色或月蓝色，袖长超过外衣袖口露在手腕上。下身穿青色裤子，脚踏翘鼻绣花布鞋。

头饰和银饰是平秋妇女最讲究的装饰品。她们擅留长发，用红头绳扎发盘在头上再包黑纱帕，脑后别上银簪、银梳，头戴银盘花、银头冠，耳吊金银环；领口两组银扣对应排列，外加斜襟扣两组；颈戴五只大小不同项圈；胸佩五根银链和一把银锁用以镇魔压邪；手腕戴上银花镯，四方镯等。银饰品中有雕龙画凤、

鸟虫花草等图案，均为当地匠人所制造，是当地服饰文化的精品。此装古朴繁杂，别有情趣，银光闪闪，叮当作响。

南部侗族地区的服饰则迥然不同。由于地处山区，交通不便，因而至今仍保持着较为古老的裙装。南侗善绣，服饰极为精美，女子穿无领大襟衣，衣襟和袖口镶有精细的马尾绣片。图案以龙凤为主，间以水云纹、花草纹，下着百褶裙，脚蹬翘头花鞋。髻上饰环簪、银钗、头戴盘龙舞凤的银冠，并佩戴多层银项圈和耳坠、手镯、腰系腰带，银腰围，青布包头，下着宽大长裤，穿草鞋或赤脚。盛装时穿古老的牯脏衣、百鸟衣、银朝衣、月亮衣等等。

侗族女子以其乌黑亮丽的秀发和发式多样著称。无论是妙龄少女还是已婚妇女，都以乌黑光亮的长发为美，并挽出各种各样的发髻，难怪人们要赞叹侗族女子的发式是少数民族中最漂亮的。从江地区侗族女子发髻的装饰很丰富。她们在发髻上插饰银梳、木梳或彩珠和小银饰，也喜欢用鲜花装饰发髻。从江增冲一带的侗族少女将发髻绾于头顶左

侗族老人

侧，上插一枚珍珠，极美。黎平地区侗族女子头戴银冠，银冠由鱼形、蝴蝶形、银币形等银质吉祥物组成，有的还插有各色羽毛。肇兴侗族少女将秀发松松地绾于头侧，饰以麻花形银质发箍和镶红宝石银饰，再将鲜花点缀其间，十分漂亮。

镇远报京侗族女子的银冠更加精美华丽，由许多银花组成。黎平和锦屏毗连之地的侗族女子梳盘髻，包三角形头巾。天柱和锦屏等地的侗族女子婚前梳长辫，将辫子盘于头顶，饰有鲜花，彩穗和银链；婚后绾髻，用长帕缠头。

侗族服饰具有"族徽"标志功能。侗族内部虽然分为佬、坦、纹三大支系，但民族意识、民族文化基本相同，民族内部基本上形成鼓楼

院落里的农具

与服饰两大族徽标志。只要有侗寨就会有鼓楼，鼓楼成为侗族十分明显的标志。而作为侗民族文化重要组成部分之一的侗族服饰，其不可忽视的社会功能之一，是凝聚侗族人的精神，以形成团结、统一的秩序，增强集体为生存而拼搏的战斗力。对于别的民族，它是一种互相区别的标志，而对本民族，它是相互认同的旗帜，结成整体的纽带。正是这种"族徽"作用而产生的审美原则，使三大支系服饰类型都有所区别。"佬"支系以善绣而著称，即在服饰上是构图精美，图案细致，侗锦是其典型代表。"坦"支系善制陶，反映在服饰上是线条纹样清晰，长襟短裙是其代表。"纹"支系善建筑，反映在服

勤劳的侗族女子在采茶

南北服饰的大同小异

头饰和银饰是平秋妇女
最讲究的装饰品

侗族老人服饰

古代礼制文化

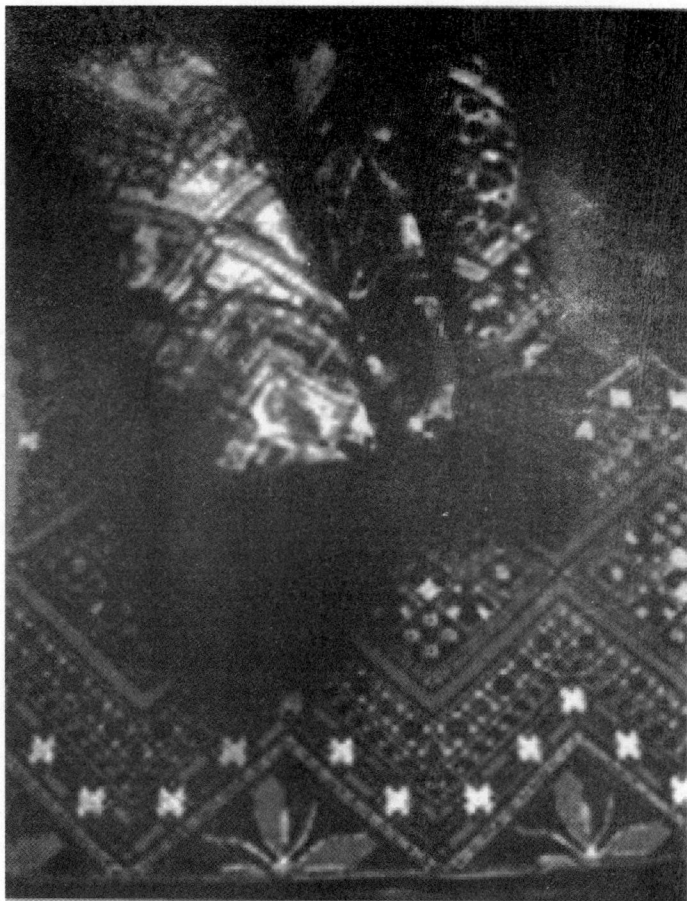

饰上是宽松和谐，素雅端庄。

侗族服饰中含有多种崇拜意蕴。侗族是
一个信仰多神的民族，相信"万物有灵"，
在侗族人心目中，大凡天地间的事物如龙凤
花鸟、山川河流、古树巨石、桥梁水井等都
能"显灵"，能驱邪除害，是人们的崇拜对象，
于是穿上附有这些图案的衣物，以祈求平安
无灾，得到神灵的庇护和保佑。侗族是个农

侗族服饰富有民族特色，
色彩鲜艳

南北服饰的大同小异

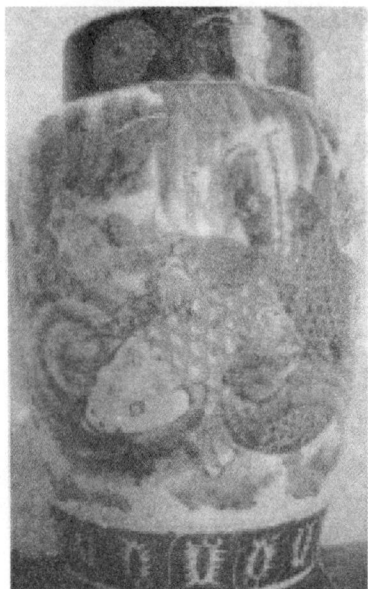

侗族有许多鱼图腾的神话传说

耕民族，特别崇拜与稻耕有关的自然物，如山、水、地、太阳、天、雷、谷种、树等。经过几千年的演变，侗族人的信仰虽然也发生了一些改变，但多种崇拜的习俗却流传至今，反映到服饰上，就有许多与图腾崇拜有关的服饰纹样。

谷粒纹与谷种有关，流行于整个侗族地区的"吃新节"习俗就是谷种崇拜的反映。鱼骨纹、三角纹、菱形纹来源于鱼图腾。侗族有许多鱼图腾的神话传说，如大年初一早晨必须吃鱼，结婚必须吃鱼，为老人送终或祭祖时，也必须吃鱼等。水波纹、旋涡纹与侗族水崇拜有关，螺旋纹、龙纹分别源于对蛇的崇拜和龙图腾，圆圈纹与太阳崇拜相连，云雷纹源于天崇拜、雷崇拜，齿形纹与山崇拜有关。童帽上常仿动物的头，是为儿童健康祈祷，具有护身符的含义。部分地区妇女包牛角帕，传说与牛图腾有关。许多侗族服饰尤其是侗锦中手牵手的人物图案，正是侗族祭祖母"萨岁"时，一二百人双手相握而歌，数人吹笙的舞蹈场面的写照。从这些花纹图案中，我们既可以看出侗族图腾崇拜和祖先崇拜的意蕴，也可感受到浓厚的侗族乡土气息和民族特色。

五奇异饮食中的"杂""酸""欢"

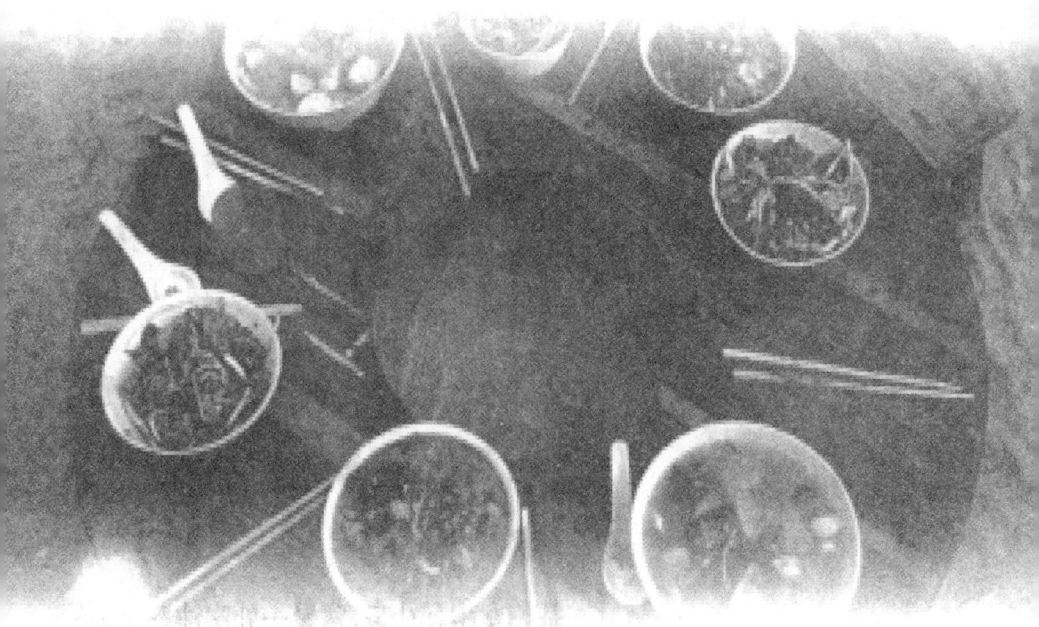

粮仓晾晒的粮食

侗族饮食均以大米为主粮，人们犹喜糯食。亲友来访，常以糯食相赠；婚嫁吉日礼品多为糯米所作，节庆的粽子、糍粑无不以糯米为本。南部地区山坡多，田地远，糯米饭既便于携带，且不易馊，很多村寨以糯米为主粮。糯米分红糯、黑糯、白糯，同类又分不同品种。其中"香禾糯"是糯中之王，有"一家蒸饭全寨香"的美誉。包谷、小米、高粱等作物亦是侗家人的辅助粮食，随着与汉族的交往，还引进了小麦、荞子、马铃薯等粮食作物。

侗族男性多会饮酒，主要在于应付仪礼、节日、祭祀、社交往来方面。每当客人到来或节庆喜宴，总闻酒歌飘香，使人闻之心醉。

侗家人的饮食餐次为一日三餐，早餐约上午十点；中餐为下午两点左右；晚餐晚上九时前后。与汉人杂居的村寨晚餐较为早些。侗族特殊食品有扁米、油茶、酸食、烧鱼、紫血肉、牛瘪肉等。油茶是侗族家常食品，平时来客，也以油茶相待，特别是妇女相互往来，常聚一处吃油茶。油茶的制作过程称为"打油茶"。打油茶先发"荫米"，即把糯饭晒干，将"荫米"放入茶油锅内炸为米花，再炒花生、黄豆，然后将黏米入锅炒焦，即放茶叶入锅拌和，倒入适量的温水，加盐煮沸为茶汁。以少许葱花、菠菜、茼蒿等作料放于碗中冲以茶汁，将米花及花生、黄豆等物一齐拌入碗中即可食用。酸汤有坛制品和桶制品之分。坛制的酸食有酸汤、虾酱、盐菜、糟辣等等。酸汤是以淘米水存于坛内放置火边酿制而成，主要用以煮鱼虾、蔬菜等。犹以酸汤鱼为佳。虾酱是将生虾子与干辣面拌和舂碎，并加米粉、豆粉、生姜末、橘皮、盐巴搅匀存于坛中备用。食用时以油煎熟，或用以炖汤，其味至香。腌鱼和腌肉。腌鱼的制作是将鱼剖腹，去掉内脏，撒以盐粉，将糯米饭和辣椒粉加水拌之成糟，与鱼一同放入木桶之中，桶底垫糟，糟上放鱼，

酸汤鱼

奇特饮食中的"杂""酸""欢"

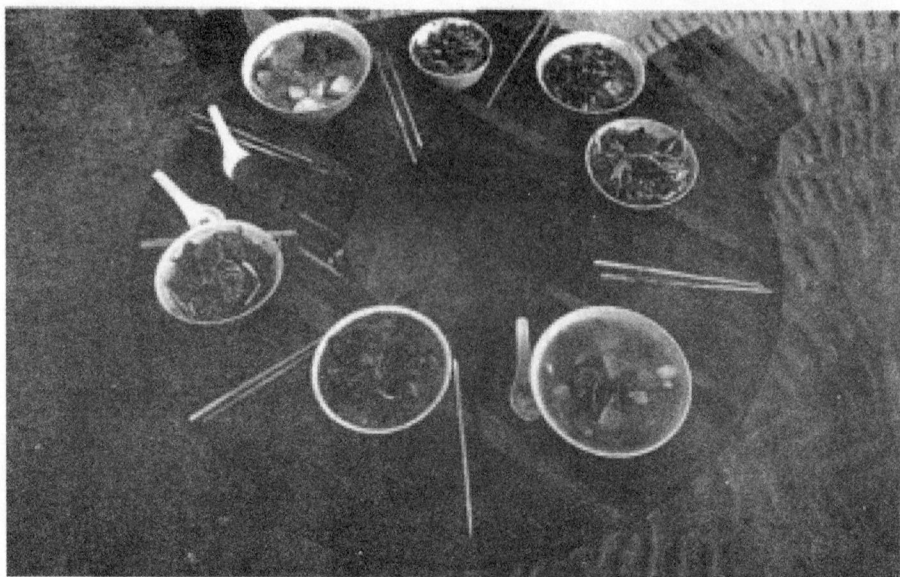

侗族人喜酸食

鱼上加糟，上盖阔叶、草圈，并以岩石重压，然后灌以清水，使之与空气隔绝，一年后即可取出食用。有久腌达一二十年者，视为珍品。制作腌肉是将肉切成薄片，制法与腌鱼相同，但腌肉品种较多，如腌猪肉、腌鸟肉等等。居住在山野的侗族人家对冬季过境的各种鸟类，捕获甚多，以致有些人家食之不尽，将其存于桶中制成腌菜，其中鹌鹑味道最佳。烧鱼是侗家喜食的一种菜肴。烧烤的方法有两种：一是于暗火上烘烤，以内脏烤透，色黄不焦为佳；再是置于茅草之中烧炙，待草烧尽，鱼亦透熟。以草烧鱼，有芳草清香。烧鱼食法有三：一是以蘸食，即以烤辣椒捣碎，加葱蒜、芫荽等作

料拌成辣酱，以烧鱼蘸其辣酱拌食。辣酱烧鱼是将烧熟的鱼捣碎，拌入上法所制的辣酱中即成；酸汤拌鱼是以芋头酸汤和辣椒面以及葱蒜、芫荽、折耳根等作料与捣碎的鱼拌匀食用。紫血肉是将瘦肉烧八九成熟，拌以糟血和辣椒粉、芫荽、葱蒜等作料制作，紫血肉不但味美，且有清肺防病的作用。牛瘪肉是取牛胃里的未消化的草汁和瘦肉加作料于锅内炒熟即成。牛瘪肉吸收百草溶剂，具有医疗作用。这两种菜肴，不仅是部分侗家的嗜食，也是侗乡定居的汉族和其他民族的桌上佳肴。

更具吸引力的就是侗族的饮食文化自成一体，大致可用"杂"（膳食结构）、"酸"（口味嗜好）、

奇特饮食中的"杂""酸""欢"

"欢"（筵宴氛围）三个字来概括。在其丰富多彩的饮食文化中包含了许多神奇的内容。

一奇是杂异的食源。饭以米饭为主体。平坝多吃粳米，山区多吃糯米。他们将各种米制成白米饭、粽子、糍粑等，吃时不用筷子，用手将饭捏成团食用，称为"吃抟饭"。侗族人喝的茶专指油茶，它是用茶叶、米花、炒花生、酥黄豆、糯米饭、肉、猪下水、盐、葱花、茶油等混合制成的稠浓汤羹，既能解渴，又可充饥。与饭、茶配套的，还有蔬菜、鱼鲜、肉品、瓜果、野味、菌耳和饮料，内容丰富而繁杂。蔬菜大多制成酸菜。鱼鲜包括鲤鱼、鲫鱼、草鱼、蚌之类，可制成火烤稻花鲤、草鱼羹、酸螃蟹

侗族油茶

等风味名肴。肉品主要是猪、牛、鸡、鸭肉，吃法与汉族差别不大。瓜果有刺梅、猕猴桃、乌柿、野杨梅、野梨、藤梨、饱饭果、刺栗、大王泡，以及松村嫩皮、桑树嫩皮、香草根等。其中，栎木的果实可做成豆腐，"香树"的皮可洁白牙齿，油茶树上长的"茶泡"是天然的酸甜汁。野味包括鼠、蛇、蝌蚪、四脚蛇、幼蝉、幼蝗、土蜂蛹、石蛙、穿山甲、囡囡鱼、麋鹿、梅花鹿、麂子，以及吃松果长大的松香鸡和松香猪，侗族均能巧加利用。菌耳方面有松菌和鲜美的鸡丝冻菌，还有可制粑粑与粉丝的藤根、葛根，水田生长的细微苔丝，

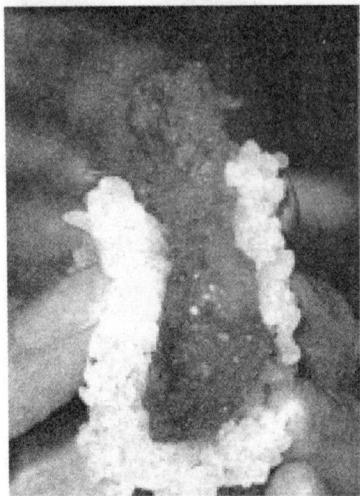
糯米饭夹酸肉

随处可见的竹笋。饮料主要是家酿的米酒和"苦酒"，以及茶叶、果汁。据粗略估计，侗族的常见食料不少于五百种，显示出侗族人民的聪明才智和极强的生存适应能力。

二奇是无菜不酸。侗族嗜好酸味，自古便有"侗不离酸"的说法，他们自己亦称："三天不吃酸，走保打倒窜。"在侗家菜中，带酸味的占半数以上，有"无菜不腌、无菜不酸"的说法。其特色是：用料范围广。猪、牛、鸡、鸭、鱼虾、螺蚌、龙虱、白菜、黄瓜、竹笋、萝卜、蒜苗、木姜、葱头、芋头……皆可入坛腌醅。腌制方法巧。先制浆水，加盐煮沸，下原料续煮，装泡菜坛，拌上酒精和芝麻、黄豆粉，密封深埋。保存时间长。腌菜可放 2 年，腌鸡鸭可放 3—5 年，腌肉可放 5—10 年，腌鱼可放 20—30 年，非有大庆大典不开坛。侗家盛宴，碗碗见酸，而十道大菜组成的"侗寨酸鱼全席"，世所罕见。

三奇是欢腾的宴席。在侗家人的心目中：糯米饭最香，甜米酒最醇，腌酸菜最可口，叶子烟最提神，酒歌最好听，宴席上最欢腾。最有特色的要数客人进寨时特殊的迎宾仪式——"拦路酒"了。侗家人

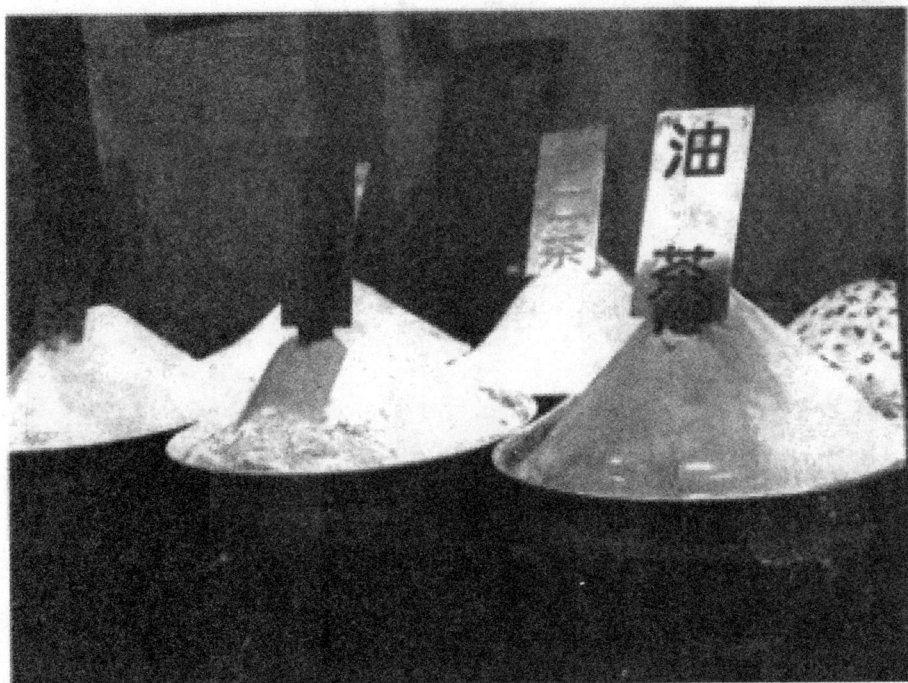

油茶

在寨子的门楼边设置"路障",挡住客人，饮酒对歌，你唱我答，其歌词诙谐逗趣，令人捧腹，唱好了喝好了，再撤除障碍物，恭迎客人进门。入座后又是换酒"交杯"，邻居或自动前来陪客，或将客人请到自己家中，或"凑份子"在鼓楼中共同宴请，不分彼此。酒席上还有"鸡头献客""油茶待客""酸菜苦酒待客""吃合拢饭""喝转转酒"等规矩，欢中有礼，文质彬彬。

四奇是谢厨师。侗族人敬重厨师也是其饮食文化中一个奇特的内容，在许多宴席上客人与厨师都要对唱，互相致谢。如一首《谢

奇特饮食中的"杂""酸""欢"

侗族饮食

厨歌》就是这样唱道："厨师师傅常操心，睡半夜来起五更，坐了几多冷板凳，烧手烫脚费精神。扣肉堆成鲤鱼背，萝卜切成绣花针，内杂小炒加木耳，猪脚清炖拌香葱，蛋调面粉做酥肉，蜂糖小米做粉蒸。巧手办出十样锦，艺高算得第一名，吃在口里生百味，多谢厨师一片心。"

侗族的饮食禁忌也有很多：不可坐在门槛上吃饭，忌讳看别人吃东西；正月初一不生火，祭祀期间不许外人入寨；丧期孝子忌荤吃素，但鱼虾不限。

六 丰富生动的民族艺术

湖南武陵源风光

（一）侗家无字传歌声

"汉字有书传书本，侗家无字传歌声，祖辈传唱到父辈，父辈传唱到儿孙。"这首侗家的歌谣很清楚地指明了侗族文化的精髓在侗歌。侗乡是歌的海洋，侗歌种类和名称繁多。侗族大歌，侗语意为大型之歌，也含有古老之意，内容极其丰富，有抒情、叙事、说理等内容。侗族民间音乐最有名的是"古楼大歌"，它是一种无伴奏的多声部合唱。从音乐表现形式上看，它在集体性的歌唱中采用了多声部表现手法，是我国目前所发现的民间最完善的合唱形式，与一般以上声部

为主旋律的合唱规律相反，大歌的主旋律
在低声部。现在，侗家大歌不仅蜚声国内，
而且名扬国外。

1．北部方言区民歌

以单声部山歌为主，有一般山歌、玩
山歌、白话、酒歌、伴嫁歌及其他礼俗歌曲。

山歌

侗语称"阿高井"，意为高坡歌，是
北部侗歌的主要歌种。常在山坡上劳动和
行路途中唱，曲调高亢嘹亮，音域宽广，
内容有古歌、放排歌、拉木歌、苦情歌、
反抗歌等，多为见景生情，即兴编唱。

侗寨民居

玩山歌

玩山是侗族青年男女的社交活动，每
逢节假日，男女相约上山唱歌游玩，故称
玩山歌。玩山歌有一套歌曲，按一定的程
式唱。如初次见面唱"初相会歌"；初恋
时唱"深情歌""成双歌"；失恋时唱"伤
心歌"等。玩山歌曲调优美抒情，唱时常
运用一种独特的装饰性颤音，使歌曲独具
风韵。流行于天柱、锦屏、清水江流域一
带的河边歌（侗语称阿惹），也属于玩山
歌类。曲调简单朴素，每句尾音延长，然
后以装饰音六度下行，很有特点。

白话

侗语称"垒""晓宋巴""阿板宋"等，是唱玩山歌中插入的一段朗诵性歌调，音域较窄，基本是一字一音，速度较快。

酒歌

亦称好事歌，侗语称"阿煞"，在喜庆筵席时唱，曲调丰富，内容广泛，除有历史题材的古歌外，还有赞颂、感谢主人的歌，相互问答斗智的盘歌等。有的曲调流畅优美，含蓄深情，有的音域宽广，开朗热情。以真假声结合的唱法，采用一领众和的形式，气氛热烈。酒歌还常因衬词的不同而冠以"阿哦哩""阿诺""阿哩"等名称。

侗乡无字传歌声充分显示了侗族人的智慧

每逢节假日，男女便相约上山唱歌游玩

伴嫁歌

出嫁前夕由新娘及伴嫁姑娘们唱，曲调委婉，多倾吐包办婚姻的痛苦及离别亲人之情。

除上述歌种外，北部侗歌中还有孝歌、上祭歌、龙灯歌、桃源歌以及宗教歌曲——佛歌等。

2、南部方言区民歌：可分为小歌、大歌、习俗歌与仪式歌三类：

小歌

侗语称"嘎腊"，是南部侗歌中单声部民歌的统称。大多在青年男女社交的"行歌坐月"时由一人独唱或二人对唱。用小嗓轻声慢唱，

丰富的生动的民族艺术

内容多为情歌，曲调短小，委婉缠绵。

大歌

侗语称"嘎劳"，是由集体演唱的结构比较庞大的民间复调歌曲，流行在贵州的黎平、从江、榕江和广西三江县部分侗族村寨。大歌的演唱形式比较隆重，由男女歌队坐在鼓楼里唱。歌队按性别、年龄和一定亲缘关系组成，少则四五人，多则十余人，由一人担任领唱。每个侗寨都有自己的歌师，歌师由经验丰富的长者担任。侗族少年一般由 6 岁开始随歌师学歌参加歌队活动。传统大歌多为领唱与合唱，以同声合唱为主，近年来有了男女声参加的混声合唱。侗族大歌有鼓楼大歌、声音大歌、叙

侗族大歌

事大歌、童声大歌等四类。

习俗歌与仪式歌

有踩堂歌、拦路歌、酒歌、赖油歌等。踩堂歌为古老的祭祀歌。侗族敬奉萨玛神，每年春节要举行祭祀活动。全寨老少在供神的社堂前围成圆圈，手牵手边歌边舞，因而称踩堂歌；拦路歌用于婚嫁、节日相互请客吃酒；酒歌，包括酒令歌，在请客吃酒时唱。歌词与北部地区酒歌相同，音乐具有南部侗歌特点；赖油歌因广西三江地区盛产茶油，每年收油季节，外寨女青年常常结队到

侗戏

侗乡讨油，每讨一次油，唱一两支歌，故称为赖油歌。内容为歌颂茶油丰收，感谢主人盛情等，曲调欢快流畅，是当地一种独特的风俗歌。

（二）将要逝去的"璀璨"

侗戏

侗族的戏曲剧种，最早形成于贵州的黎平、榕江、从江一带，后流传到广西的三江和湖南的通道等侗族聚居地区。侗戏是侗族文学、音乐、舞蹈的综合艺术，是我国戏曲中的一个独立剧种，具有鲜明的民族风格，是侗族人民喜闻乐见的传统戏曲剧种。动作朴实，形式简单，剧曲独具一格。侗戏舞台长宽一般约为丈余，不用布景，仅挂一块底幕和两块花色门帘。台上除了几张桌、台之外，没有其他道具。脸谱以黑白二色为基础。服装以侗族艳装为主，也有专门的戏装。传统侗戏的伴奏乐器一般为二胡、铃、锣、鼓和小钗；新侗戏中增加了牛腿琴、琵琶、低胡、扬琴等等。

侗戏是在侗族民间说唱艺术"嘎锦"（叙事歌）和"嘎琵琶"（琵琶歌）基础上，接受汉族的戏曲影响而形成。"嘎锦"为演员自弹自唱，夹用说白来叙述故事，内容多半为侗族的传说故事。"嘎琵琶"分短歌和长歌。短歌为抒情民歌，长歌为叙述故事的说唱。

侗戏剧本词句生动，韵律严格，讲究尾韵、

侗戏鼻祖吴文彩墓碑

丰富的生动的民族艺术

腰韵、连环韵，一出戏，也就是一首叙事长诗。剧本一般是以剧中主要人物的名字来命名，如《珠郎娘美》《刘美》等。在改编汉族故事的时候，剧名也做这样的处理。如汉族戏曲《二度梅》，侗戏便改成《陈杏元》，《白兔记》则叫《刘志远》。侗戏剧中人物很多，剧本篇幅长，每出整本戏，几天才能演完。侗戏的表演具有朴实无华的特点。其表演技艺主要来自三个方面。一是侗族歌舞；二是从劳动和生活中提炼出来表演程式；三是通过戏曲地方大戏剧种的演技演变过来的程式。

从表演风格来看，侗戏的表演比较朴实。基本的舞台调度便是两人对唱时，每唱完最后一句，在音乐过门中走横"8"字交换位置，然后再接唱下

侗戏老剧照

一句，如此反复至一段唱词结束。这时候如果场上有两个以上的演员，便分组走横"8"字。侗戏的表演在身段、台步、手式等方面均不与其他剧种相同，具有浓厚的侗族特色。侗戏的服饰、道具都是本民族的日常用具，有的只是在日常用品的基础上加以美化而成。

侗寨鼓楼

侗戏的道白和演唱，一般都用侗语，戏师们采取生活中的有韵的语言进行加工提高，使舞台语言艺术化并与唱词的格律协调。因此侗戏中的道白与众不同，一般都带点韵。

侗戏流传的剧目较多，来源也比较广。侗族广为流传的琵琶歌、民间故事和汉族故事，都是改编侗戏的素材。汉族戏曲剧目，也经常被改编和移植成侗戏。根据侗族民间传说故事改编的剧目有：《珠郎娘美》《刘美》《金俊与娘瑞》等；根据汉族故事改编的剧目有：《陈世美》《梁祝姻缘》等；历史故事剧有：《吴勉王》《李万当》等；移植汉族戏曲的剧目有：《生死牌》《十五贯》《白毛女》等；创作的现代剧目有：《团圆》《二十天》《一个南瓜》《杨娃》《好外孙》等。这些剧目

丰富的生动的民族艺术

看侗戏

侗戏之乡

古代礼制文化

节日里人们身着盛装，欢聚一堂

故事情节与其他剧种的剧本大致相同，但基本的结构与格式却按侗戏的特点编写。

但随着社会的变革和现代传媒的发展，侗戏不再在民众的娱乐生活中占据绝对优势地位。侗族没有文字，过去戏师们全凭记忆把整出甚至数出戏记于脑中，再传授给演员；还有的则利用汉字记音，借用汉文字把传统的侗戏记录下来。这种方式的脆弱性影响到侗戏的顺利传承，有必要加以解决。

（三）独树一帜的民族乐器

芦笙，是一种簧管乐器。以竹子为笙管，外侧开按音孔，内装铜制簧片，插入木制笙斗内。

丰富的生动的民族艺术

一般有六管，也有多达十二管的。六管芦笙只有五管或三管装笙簧，其余为无簧的装饰管。管外装三个竹筒或以薄竹壳制成的三角形共鸣器，以扩大音量。芦笙的大小不一，高音芦笙只有二三尺，小的只有一尺左右。中音芦笙约二尺至一丈，低音芦笙高达二丈多。一种称为筒卜或芒筒的低音芦笙用一根小竹管插在粗大竹筒里，只发一个音，立在地上吹。低音芦笙用来烘托高、中音芦笙主旋律的。高音芦笙是芦笙队的领唱音。吹芦笙是吹奏和舞蹈合而为一的艺术形式。

侗族的芦笙曲调有一百余种，分为三大类：第一是作信号用的曲调，有集合调、过路调等；第二是用于比赛的曲调，有摸七调、同巴调等；

吹芦笙

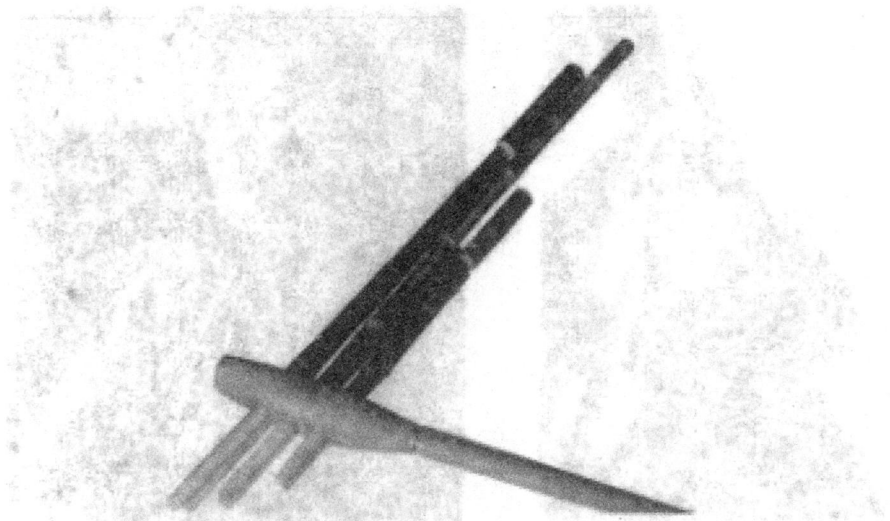

芦笙

第三是用于舞蹈的曲调，有红鱼尾、龙盘柱等。还有就此衍生的芦笙舞，舞姿大多是刻画一些动物动作，也有部分动作是从生产劳动中提炼出来的，花式很多，如围圈、换背、赶老虎、鱼上滩、鸡打架、踩八卦等。吹奏芦笙的地区，每个寨子都有芦笙队，大的寨子有几个芦笙队。一般以鼓楼为单位组成。芦笙队的规模大小不一，少则十几人，多则百余人。对侗族来说，吹奏芦笙不仅是娱乐，还是各种隆重场合中的礼仪性乐舞。凡祭祖祭神、踩桥盛典、迎接贵宾、外出为客也都要以芦笙为前导。在特别隆重的场合，周围几个村寨的芦笙队集合在一起，数百架甚至上千架芦笙聚于一堂，其声势之浩大，场面之壮阔，声音之响亮，令人

吹芦笙

慈祥的侗族老人

惊叹。

　　牛腿琴是侗族弓拉弦鸣乐器。因琴体细长形似牛大腿而得名。侗语称各给、给以、给宁、勾各依斯。各给、给以均为两条空弦发音之谐音。牛腿琴又称牛巴腿，历史悠久，规格多样，音色柔细，主要用于侗族民歌和侗戏伴奏。流行于贵州省黔东南苗族侗族自治州榕江、从江、黎平、广西壮族自治区三江、融水和湖南省通道侗族自治县等黔、桂、湘三省、区接壤的广大侗族地区。

　　关于牛腿琴的来历，民间流传着一个

侗寨风光

古老的传说：很早很早以前，在黔东南的一个侗族山寨里，住着贫富悬殊的两家人。富人依仗财势经常放狗去咬穷人，穷人也不示弱，奋起反抗将狗打死，从此两家仇恨日深。一次，穷人养的牛见主人被欺，冲上相助，富人见势不妙，也放出自己的牛来。此后，人与人打，

丰富的生动的民族艺术

牛同牛斗，闹得整个山寨不得安宁。有个神仙下凡来调解，送给每人一支芦笙，让他们吹着走乡串寨，忘记争斗。而牛却不听召唤，越斗越凶。神仙担心牛的角斗再挑起人的旧仇，气急之下便把两头牛的后腿给砍断了。两牛再也无法争斗，矛盾虽然得到解决，可穷人却永远失去了耕牛，他伤心地抱着牛腿痛哭不已。待牛腿腐烂了，他就做了一个木头的牛腿，仍抱着它一边抚摸，一边诉说自己的苦衷。于是，后来就逐渐形成了在民间流传的牛腿琴和牛腿琴歌。

传统的牛腿琴，琴体用一整段木料制成。民间多为自制自用，不仅使用的材料有别，

侗族乐器

琴的规格尺寸也大小不同，尚无统一标准，一般全长50—85厘米，多使用当地所产杉木、桐木、松木、椿木、杨木或杂木制作，以选用纹理顺直、无疤节的杉木为佳。共鸣箱系在半边原木一端挖凿出长瓢形腹腔，其上蒙以桐木薄板为面，琴背呈船底形，琴箱长22—36厘米、宽8—12厘米、厚5—6厘米，面板中部右侧（或左侧）开有一个圆形出音孔，可插入音柱。琴头方柱形，平顶无饰，长7—12厘米、宽4—6厘米，弦槽后开，两侧各设一个硬木弦轴（左上右下）或两轴同设右侧，琴头

每当夜幕降临，村寨中就会
传出悦耳的琴声

正面下方开有两个弦孔以穿弦。琴颈前平后圆、上窄下宽，长 2—38 厘米，上与琴头相接，下与琴箱相连并浑然一体，正面用于按弦，不设指板和品位。在面板下方三分之二处置竹或木制桥形琴马，下端设有牛皮缚弦用以系弦。张两条琴弦，最初用细棕绳，后改为丝弦，现多用钢丝弦。琴弓用细竹为弓杆，两端系以棕丝或马尾而成，弓长 55—65 厘米。此外，还有一种小巧玲珑的小牛腿琴，琴体全长只有 18—20 厘米，流行于贵州省榕江县乐里一带。

在侗族人民的文化生活中，牛腿琴占有重要地位，是牛腿琴歌、侗族大歌和叙事歌离不开的伴奏乐器，应用十分广泛。侗族称牛腿琴歌为嘎各给、嘎给以、嘎腊（拉嗓子歌）或嘎昂（室内歌）等，曲调较短，结构简单，速度悠缓，是侗族未婚男女青年"行歌坐妹"、倾吐爱情的一种主要方式。叙事歌侗语称嘎窘，多为民间歌手自拉自唱，伴奏随歌进行，不时夹有间奏，曲调优美，节奏平稳，有如小河淌水潺流不息、娓娓动听，真可谓歌者入神，听者有兴。较著名的牛腿琴民间艺人有：贵州黎平的石国兴、广西三江的罗胜金等。

侗族老人

每当夜幕降临侗族的美丽家乡，在月明风清之时，就会从村寨传出缕缕轻盈悦耳的牛腿琴声，这是哪位罗汉（未婚小伙子）在向姑娘倾吐爱情？听，姑娘那抒情的牛腿琴情歌也伴着乐声飞向远方。在侗族，未婚青年专门用于求爱的乐器，要算是那种小巧玲珑的牛腿琴了，在榕江乐里一带，几乎每个罗汉都有一支。当青年男女初恋时，小伙子要在半夜登着独木楼梯，爬到意中人住的阁楼窗外，拉起小牛腿琴向姑娘求爱，这琴声既不能惊醒父母，又要唤醒恋人。在这种特定的场合下，小牛腿琴的演奏，缔结了许多美满姻缘。

丰富的生动的民族艺术

芦笙舞

（四）舞"侗"精彩

侗族从古至今无论年长年幼，人人都能歌善舞，有着事事以歌对答、以舞寻偶的传统。在他们的歌咏中，有单声部的"小歌"、多声部的"大歌"、迎客时的"拦路歌"、婚嫁时的"伴嫁歌"、青年人自弹自唱的"琵琶歌"等数不胜数。甚至侗族人之间闹矛盾时也用唱歌来进行争吵。侗族在歌舞时都离不开芦笙的伴奏，歌舞和芦笙是侗族人民生活中不可缺少的重要部分和内容。在侗族统称的《芦笙舞》中，包括着多种内容和形式的舞蹈，其中有节日时的自娱性舞蹈、有青年男女之间进行交谊的舞蹈，还有芦笙高手为展现边

芦笙是侗族人民生活中
不可缺少的部分

演奏芦笙边做高难动作的舞蹈。

过去，侗族跳《芦笙舞》、"对歌"或举行
村寨"集会"，一定要在特定的地点"鼓楼"前
进行。在广西、贵州等侗族集聚的村寨，都会建
有一座高大、古朴、典雅，造型各具特色的木结
构建筑"鼓楼"。鼓楼的建筑形式千姿百态，独
具一格。它的多角屋檐可建为四边、六边或八边形，
座座飞阁重叠，耸立于村寨的最高处。但此外建
于 20 世纪 20 年代的三江县侗寨"马胖鼓楼"虽
只建有一层，但却以它的精雕细刻、拥有九层飞
檐、雄伟宽敞形如庙宇的殿式方塔形建筑而闻名
遐迩。殿内立有需双合抱的四根大柱，板壁绘彩

丰富的生动的民族艺术

鼓楼前的歌舞

色传统的壁画，是侗族古代建筑的精华与骄傲。鼓楼为侗家公共活动的场所和集会中心，凡有紧急情况，村寨中德高望众的头人将敲击悬挂在殿内梁上的"款鼓"，集合全寨侗胞。此外，若有贵客进寨，也可击鼓通报全寨而表示欢迎。鼓楼内大厅青石铺地、设火塘、四周摆有长凳，是侗胞在任何时节聊天、做活、演戏、对歌、踩堂和赛芦笙的场所。

鼓楼是侗族人公共活动的场所和集会中心

　　《芦笙舞》是侗族的传统民间舞蹈。源于古代播种前祈求丰收、收获后感谢神灵赐予和祭祀祖先的仪式性舞蹈。舞蹈气氛热烈而欢快，现已成为侗族民众在稻谷收获后至来年春播前农闲期间和各喜庆佳节时的自娱性求偶舞蹈。

　　每逢节日，成年的侗族未婚男女青年，都不会放过"踩堂"机会。因为这些男女青年中的不少人，要通过集体共舞的机会来选择自己的心上人。而且参加"踩堂"的少女不但要身着闪闪发亮的蓝靛色礼服，还个个在头、耳、脖颈、手臂各处戴满银饰，因为这是向男青年展示自己家庭经济状况的无声语言。在过去，由于家境贫寒，一家中可能同时有几个女儿都进入成年，但因没有起码的银佩饰，只能

丰富的生动的民族艺术

热闹的侗族歌舞场面

宏大的侗族歌舞场面

古代礼制文化

由年长的女儿参加"踩堂"活动，全家陷入窘境。这样的情况是经常发生的。

进行"踩堂"的舞圈以村寨为单位，每个舞圈被人们称作"一堂"，节日期间来自各个村寨、各怀绝技的若干堂"芦笙舞"将会聚一堂，齐展风姿。届时，每堂芦笙在起舞前首先要在圆圈中心高高竖起一根芦笙柱，柱顶悬挂芦笙队队旗，并围绕芦笙柱特设由4—6人担任为《踩堂》舞蹈进行低音伴奏的"芒筒"演奏。一切准备停当后，手持小芦笙的男青年与持彩巾或花伞和佩戴银饰的盛装少女分别站成内外两层圆圈，按逆时针方向旋转起舞。舞蹈动作与节奏，依照芦笙头所领奏的曲调更换舞姿。女子以原地旋转和两臂

踩堂舞

上下、前后的摆动为主要动作；男子边吹奏芦笙，边做幅度较大的蹲步、跳跃、点步踢腿等动作。整个舞蹈沉浸在抒情与细腻之中，但又不乏潇洒与活泼。而且，每当若干堂舞队同时起舞时，"芦笙曲"此起彼伏，姑娘们舞姿翩跹，真是构成一片歌舞海洋，热闹非凡。更有意思的是，在广西三江县《踩堂》的最后，有时还会加入更为激烈和引人注目，似拔河游戏的娱乐活动"拉鼓"。所有起舞的男女分为两边，拉拽着系有粗绳的长形木鼓，以一方胜利为舞蹈活动的终止。

此外，在侗族凡希望成为被人赞扬的青

丰富的生动的民族艺术

侗族民居门前一景

年男子，不但必须是生产能手，同时也要吹得一手好芦笙和掌握芦笙舞的高难技巧。所以每当有展现舞蹈技艺的机会，青年男子必跃跃欲试，绝不会放弃任何时机。因为集体"芦笙舞"是未婚男青年显示自己吹奏芦笙水平和展示舞蹈力度、技巧，提高自身价值，赢得姑娘们

精彩的芦笙舞

赞许和青睐的重要举措。

　　除每年的传统民族节日外，在当年丰收后的新年时，将会由优秀芦笙手组成"芦笙队"到其他侗族村寨进行"串寨"活动。每当这时，被村寨公认的芦笙头，便盛装打扮地率领芦笙队前往各寨进行芦笙表演。侗族是

侗族歌舞

十分热情的民族，只要有芦笙队进寨表演芦笙，都会受到极为丰厚的款待。而且在表演过程中，一旦一表人才的芦笙头被该寨的"寨花"看中，那这一对情人难解难分的缠绵细语，将会给整个芦笙队带来被盛情挽留的难得运气。

（五）民族工艺

侗族的民间手工艺制品有刺绣、编织、彩绘、雕刻、剪纸和刻纸等，大都实用美观，富有鲜明特色。其中刺绣是侗族妇女最擅长的工艺，她们在服饰上刺绣出各种图案花纹，形象生动，色彩绚丽。

快乐的侗族孩童

侗锦

是侗族人民的手工艺品。一般侗家都有称作陡机的织锦工具。侗锦图案的线条都呈直线，常见的有人字形、十字形、口字形、之字形、米字形、万字形等。经过织锦姑娘的精心规划，将这些图案组成一幅幅简练明快的画面。画面的内容大多取材于山区人民常见的事物。如描摹动物、植物、器皿等，少数大型侗锦也有取材于古代神话故事的。现在侗锦的品种也由过去一般的花边、袖口、腰带和头巾发展到几垫、台布、提包等家具或日用品的装饰上。

（六）风雨桥的美丽传说

很早的时候，还没有开辟平等大寨，侗家

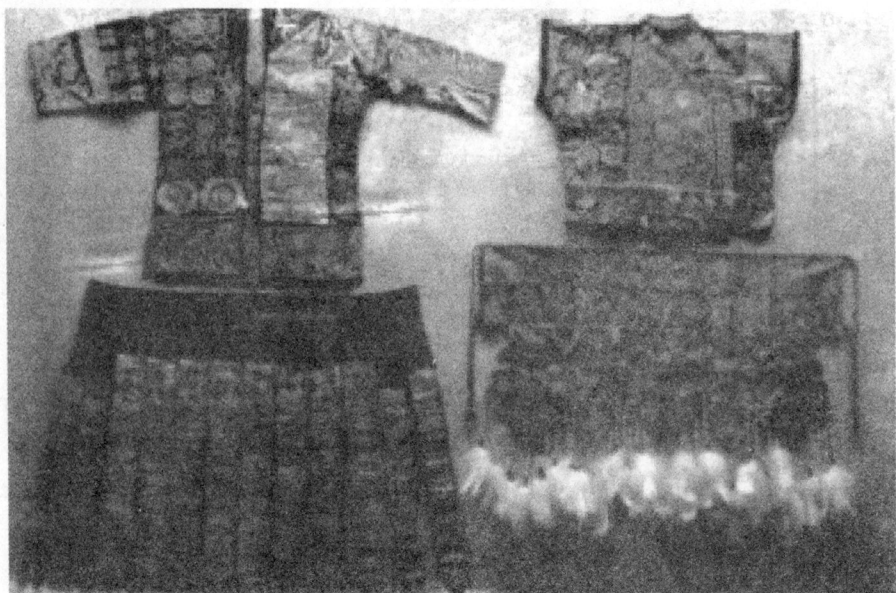

刺绣是侗族妇女最擅长的工艺

侗族刺绣形象生动，色彩绚丽

住在半山坡上，一个小山寨，只有十几户人家。有个小山寨里有个后生，名叫布卡，娶了个妻子，名叫培冠。夫妻两人十分恩爱，几乎形影不离。两人干活回来，一个挑柴，一个担草，一个扛锄，一个牵牛，总是前后相随。这培冠长得十分美丽，夫妻两人过桥时，河里的鱼儿也羡慕地跃出水面来看他们。

有一天早晨，河水突然猛涨。布卡夫妇急着去西山干活，也顾不了许多，同往寨前的小木桥走去。正当他们走到桥中心，忽然刮来一阵大风，刮得布卡睁不开眼睛，培冠"哎呀"一声跌落河中。布卡睁眼一看，

风雨桥内精美的雕饰

丰富的生动的民族艺术

风雨桥

妻子不见了，知道刮下河了，他就一头跳进水里，潜到河里。可是，来回找了几圈都没有找到。乡亲们知道了，也纷纷赶来帮助他寻找，找了很长时间，还是找不到培冠。

原来河湾深处有一个螃蟹精，把培冠卷进河底的岩洞里去了。一下子，螃蟹精变成一个漂亮的后生，要培冠做他的老婆，培冠不依，还打了他一巴掌。他马上露出凶相威胁培冠。培冠大哭大骂，哭骂的声音从河底传到了上游的一条花龙耳朵里。

这时风雨交加，浪涛滚滚，只见浪头里

古代礼制文化

一条花龙，昂首东张西望。龙头向左望，浪头就向左打，左边山崩，龙头向右看，浪头往右冲，右边岸裂。小木桥早已被浪涛卷走了，众人胆战心惊。可是龙头来到布卡的沙滩边，龙头连点几下浪涛就平静了。随后，花龙在水面上打了一个圈，向河底冲去。顿时，河底"骨碌碌骨碌碌"的响声不断传来，大旋涡一个接一个飞转不停。接着，从水里冒出一股黑烟，升到半空变成一团乌云，那花龙紧追冲向半空，翻腾着身子，把黑云压下来，终于压得它现出原形。原来是只鼓楼顶那么大的黑螃蟹。黑螃蟹慌慌张张逃跑，爬到悬崖三丈高。花龙下到水里翻跟头，龙

俯瞰风雨桥

丰富的生动的民族艺术

侗寨风雨桥

尾一摆，又把螃蟹横扫下水来。这样几个回合，把螃蟹弄得筋疲力尽，摇摇摆摆爬向竹林，想借竹子挡住花龙。可是花龙一跃而起，张口喷水，喷得竹林一片片倒下去，螃蟹又跌落河中。花龙紧紧追到水底后，浪涛翻滚着便顺河而下，这时再也看不见黑螃蟹露面了。后来，在离河湾不远，露出一块螃蟹形的黑石头，就是花龙把螃蟹精镇住的地方。这块石头，后人称它为螃蟹石。

关于侗寨风雨桥，流传着一段美丽的传说

丰富的生动的民族艺术

风雨桥有着美丽的传说

　　等到河面平静之后，布卡听见对面河滩上有个女人的声音。布卡一看，那正是自己的妻子。布卡叫了几个人马上游水过去。上岸以后，培冠对布卡说："多亏花龙搭救啊！"大家这才知道是花龙救了她，都很感激花龙。这时，花龙已飞上天去了，还不时向人们频频点头

美丽的侗寨孕育了丰富的文化

　　这件事很快传遍了整个侗乡。大家把靠近水面的小木桥改建成空中长廊似的大木桥，还在大桥的四条中柱刻上花龙的图案，祝愿花龙常在。空中长廊式的大木桥建成以后，举行了隆重的庆贺典礼，非常热闹。这时，天空中彩云飘来，形如长龙，霞光万道，众人细看时，正是花龙回来看望大家。因此后人称这种桥为回龙桥。有的地方也叫花桥，又因桥上能避风躲雨，所以又叫风雨桥。

丰富的生动的民族艺术

七 侗寨鼓楼的民族风情

（一）彰显特色的侗家节日

侗乡特别以节庆活动的丰富多彩而著称全国。据统计，每年节日集会多达二十余次。有的节日虽然名称和意义相同，但过节的时间都有差异。节日的主要目的有：一是为了庆贺丰收；二是为祈求风调雨顺；三是为了纪念民族英雄；四是为了宗教活动；五是为青年男女社交活动。侗族节庆活动的特点是任何节日都是民俗展示和文化艺术表演。可以说，"无文无过节"。主要节日如下：

春节

是一年中最隆重的节日。但各地的过节方式不一样。在北部侗乡的新晃、芷江、玉屏、

侗年快到了，主人在大门两边贴上对联

锦屏一带侗族过春节与当地汉族差不多。南部地区凡建有萨坛的村寨，新年初一或初二，先要到萨坛祭祀祖母神。通道侗族除夕之夜守岁进，全家围在火塘边吃粥，叫年羹饭。等到鸡叫头遍，男人放十二个大炮竹，以求一年顺当大吉。妇女们则去挑新年水，用以煮年茶。他们不兴拜年，初一初二不串门，初三请客吃油茶，初四请吃饭。宣恩侗族一天过两次年，称过重年，从年三十到正月十五敲年锣，敲得越响亮越好。

错落有致的侗寨建筑

侗年

是根据侗历来确定的新年。一般为农历十月底或十一月初。现大部分侗族均不过此年。仅有部分地方仍过侗年。这些地方每年过两种年。称侗年为小年，春节为大年。榕江七十二寨一带的侗寨于农历十一月初过侗年。十月将屋前屋后打扫干净，杀猪宰牛，舂糍粑，准备过年。从十一月初一到初五举行大规模的踩歌堂、跳芦笙和斗牛活动。有的地方把姓氏节也称为过侗年，各个姓氏节日期不一。但一般为农历的十一月。

吃新节

侗寨鼓楼的民族风情

是侗族古老的传统节日，盛行于广大侗族地区。但各地吃新的时间和仪式不相同。吃新节实际是祭祖节。每到这一节日侗族群众摘下新米煮熟以祭祖。

姑娘节

居住在湘黔桂边境的侗族，每年的农历四月八日要过"姑娘节"。相传这个习俗来自侗族杨姓。每年这一天，出嫁了的姑娘必须要回到娘家来，与自己家的亲姊妹和姑嫂们欢度佳节。届时，姊妹们唱歌说笑，共同制作一种节日食品——乌饭糍粑。在她们回婆家去的时候，还要带着许多乌饭糍粑，分赠给亲友。四月八吃乌饭（又叫黑饭）是一个很古老的风俗，据说是为了纪念侗家女英雄杨八美。乌饭是用一

侗寨

乌米饭

种带黑色浆汁的树叶子渍水，把侗区特产的"香糯米"染黑、蒸煮而成的。

"为也"

"为也"是侗语音译，为做客之意。但这种客人不是一般的客人，是特指村寨之间互相访问的集体客人。当地汉话称为"吃乡食"。一般在春间或秋后进行，是侗乡规模最大的社交和娱乐活动。规模不等，少则 20—30 人，多则一百余人。男女老少均可参加。都要带上本寨的歌队、戏班、芦笙队、诵款人等。事先由客寨到主寨下帖，主寨认可接受帖子，双方约定日子。主寨各家各户做好接待准备，客寨组织好队伍，做好行前准备。

糯米饭是节日必备的食品

贵州黎平、榕江、从江一带的"为也"队伍多以歌队或戏班为主。当客人来到主寨时,主寨的姑娘们用稻草人、布匹或板凳、织布机、水桶等物品拦住寨门,唱起了拦路歌。双方对答后,放炮迎客,杀猪宰牛,盛情接待。"为也"期间,整个村寨成了文娱大舞台,开展对歌、唱戏、斗牛等活动。客人走时,每个姑娘拿出几条自织手帕挂在竹竿上作为赠送给客人的礼物。还要包上装鱼肉的糯米饭包给客人路上作午餐。

广西三江的"为也"队伍多带上芦笙队。

芦笙队员身穿羽毛花衣，头插鸡尾。路过其他村寨时，奏《过路曲》，不进寨。快到主寨时，奏《进寨曲》。主寨芦笙队奏《迎客曲》出迎。进寨后，主客两队进鼓楼坪赛芦笙。赛完后，芦笙队和其他客人都集中在鼓楼坪上，待主寨寨老一声令下，主人们便争相涌入坪中"抢客"。他们抢去客人头上的鸡尾，客人便随之到家，宴饮作乐。次日再比赛芦笙。有的地方还要举行踩歌堂、对歌、比武等活动。欢度3—5日方散。别离前要举办一次全寨性大宴，在鼓楼或风雨桥上举行。席间主客各出一人，讲诵款词和赞颂歌。

节日即将来临，全寨笼罩在一片喜庆气氛之中

花炮节

花炮节是南部侗族地区侗族一年一度的传统节日，各地举行的日期略有不同。从江的丙妹是农历正月初三，黎平彦洞是农历二月初二。花炮分为头、二、三炮，花炮都系上一个象征幸福的铁圈，外用红绿线包扎。燃放时以火药铁炮为冲力，把铁圈冲上高空。当铁圈掉下来时，人们便以铁圈

侗寨鼓楼的民族风情

为目标，蜂拥争夺，谓之"抢花炮"。据说，谁抢得花炮，谁在这一年里就能人财两旺，幸福安康。集会地点还唱侗戏、演彩调、吹芦笙、"多耶"、打篮球等助兴。花炮节在侗族人民的心中，是最热闹的节日。

林王节

历史上的侗族先民，为反抗统治阶级的压迫和剥削，举行了一次又一次的武装起义，产生了千千万万难以忘怀的英雄。"林王节"就是锦屏县寨母一带的侗家人纪念明代英雄林宽的节日。

洪武三十年，林宽在上婆桐举起了义旗。攻下了龙里守御千户所，大挫明军，接着又

林王节是人们为了怀念明代英雄林宽而设的节日

节日食品——粽粑

进新化、平茶，包围黎平府。明廷震惊，派楚王桢和湘王柏率三十万人马前往镇压。起义军终因寡不敌众而失败了，林宽英勇牺牲。侗族人民尊他为"林王"，于每年六月的第一个辰日包着又长又大的粽子祭祀。相传这种粽子是林王军队作战当干粮用的。第二天，周围的寨楼、塘栏、便幌、归宿等寨也都同时过林王节。人们到一株传说是林王倒栽的枫树下拜祭。席间，赞美林王光辉业绩的歌声不断传来，更使人们深感对英雄的无比怀念。因此，每逢节日前夕，家家户户都包大粽粑，并在节日当天，带到林王亲手种的古枫树下祭祀。过节头一天，

秀美的侗寨

寨母就杀猪宰牛，家家放田捉鱼，磨豆腐，包粽粑，又打发孩子到相邻的寨子喊客，忙个不停。过节那天，吃饭以前，各家都先在古枫树下摆好酒肉、粽粑、烧香祭祖。客人进寨也要先到古枫树下祭拜一回，有的老人还要从古枫树上剥下几块树皮，用纸包好，带回去给孩子，祈福消灾。晌午过了以后，就开始吃饭。酒席丰盛，边吃边唱，互相祝福。吃完以后，主人邀客，孩子们就在古枫树下唱"林王古歌"。歌唱完毕，老人们就向孩子们讲林王的故事，通宵达旦，十分热闹。

关于林王，有许多有趣的传说故事。传

说林王给财主在山塘里养鱼，财主叫他割草喂
鱼，他就把鱼赶上坡去吃草，吃饱了，又赶回
塘里放。因此他喂的鱼又肥又大。他很爱马。
白天放马吃草，骑马练武，夜晚睡在马圈边，
把马喂得又高又壮，后来成了他的战马。现在
寨母背后还留着他当年修的石马圈，马圈已崩
了两方，还存了两方，青石板上还留着马蹄印
和他的草鞋印。有一次林王给财主在山上放牛，
见许多穷人没有饭吃，很不忍心，便宰了一头
牛分给大家煮着吃。别人担心他交不了差，他
灵机一动，想了个办法，叫人把牛尾巴插在岩
缝里，叫一个人藏在岩洞里等着，他立即跑去
叫来了财主，说有一头牛卡在岩缝里出不来了。

秀美的侗寨

侗寨鼓楼的民族风情

关于林王，有着许多有趣的传说

财主急忙赶上山，一看果然只有牛尾巴露在岩缝外了。财主便去扯牛尾巴，岩洞里的人学牛叫，越扯牛越叫。结果牛尾巴断了，牛没有出来，财主只好无可奈何地回去了。

林王热心地为大家办好事。婆洞路边有个岩洞，洞里有一股清泉，就是流不出来，过往行人再口渴也没法喝到。林王知道以后，用嘴把石板咬开一个口子，两手扳开岩板，一股清泉流了出来，行人们有水喝了。现在泉边的石板上还有林王的手指印和两个膝盖印呢。

寨母的后龙山有两个坡相互对峙，中间隔着深谷，平时到对门坡去种田，人们绕来

古代礼制文化

天下第一侗寨

绕去很不方便。林王便从对门坡扯出长岩石，做成一座石桥。林王的母亲说："你架的高桥看上去都眼花，不要害别人掉下来。"林王就一拳把桥打断，至今两边坡还留着几尺长的断岩梁。

婆洞一带人多田少，林王便想塞断八受河，引水过婆洞开荒造田。他一早提着大鞭赶动三个坡准备去塞河，刚好被一个老妇看见，她高声叫道："快看！三个坡会走路。"结果三个坡就停在寨母田坝中间不走了，这三个坡分别叫鸳鸯坡，定便坡，报独坡，与其他坡不相连。现在此地已被开成梯田。

寨口的枫树据说是林王栽的

　　林王长大以后，看到外地往这里逃难的人越来越多，把整个婆洞都住满了。饭不够吃，官兵还来抢粮抢人。人们没有办法，侗家没法活下去了。于是，婆洞、上洞、油洞等四十八个侗寨的寨老（寨中的长老）和辣办（青年）集中到寨母议事。寨老们说："我们侗家世世代代被人欺凌，难道我们不能过太平日子吗？"大家决定，四十八寨每寨选举一人参加集伙选王。选王按照勉王起义的方式，每人倒栽一棵枫树，哪个先活，哪个就是王。寨母推举了林宽。选王开始，四十八人在寨母寨中倒栽一棵树，林宽栽的那棵活得最快。大家一举选他为王，林王从此得名。现在寨母寨中还有一棵枫树，拔地顶天，枝干朝下，与其他树不同，据说就是林王栽的。

　　林王到处联合穷人，指挥各寨打刀造箭，第二年集合十万多穷人，准备起义。

　　为了起义，林王还停办了自己的婚事。传说和他相好的姑娘叫茂王，住在慕王寨，从小与林王一起砍柴、割草、唱山歌。两人长大以后，两家老人准备办婚事。然而两个年轻人很有志气，他们说："世道这么乱，人民这么苦，我们要等解决了人们

丰收的农家

的疾苦才结婚。"老人思想不通，他们俩就约定：林王从苦里坳，茂王从慕王寨，同时从两处向扣界坳上各打一块石头，看两块石头能否碰在一起，如果碰在一起，就立即结婚，否则，就推迟婚事。结果林王的石头正好打在扣界坳上，茂王力气小一些，打不到扣界坳上，两块石头没有碰在一起。所以，他们就不急着结婚，后来都参加了起义。

起义中林王非常勇敢，在他的指挥下，一大早就攻破了龙里所城，大家还回到寨母洞吃早饭，接着又攻占了新化所、平茶所等地，计划打上长沙，攻到南京去，推翻明王朝。又传

侗寨鼓楼的民族风情

说他造了三支箭，差一点就把楚王射死。头晚，他叫母亲五更鸡叫的时候叫醒他。醒来后，他带着兵攻打楚王，他对准楚王的营帐连发三箭，三箭正中楚王的宝座。可是，他射得早了一点，要是等五更楚王就位再射，就能射死楚王。后来，林王被楚王的三十万大军重重包围，最后弹尽粮绝，起义军四处突围也没能成功，林王非常生气，把宝剑插在了岩板上，被捕了。林王还被砍了头，但是他不服气，双手捧着头，回家叫母亲安上，又和官兵作战。后来，他被砍头两次，又安上两次，直到第三次，头再也安不上，尸体才倒了下来。

林王起义失败以后，朝廷怕当地侗家再

勤劳的侗族小伙

次起义，便派郑子龙带兵挖了林王的祖坟和龙脉，现在寨母后面龙山上纵横交错的深沟就是当年挖的。龙脉虽然被斩断，但农民起义仍就不断。十六年以后，即永乐十一年，婆洞等地农民又起义了。正统十四年，黎平、绞桥农民起义，杀死了州官，聚众三十万，围攻铜鼓卫。

林王为大家谋福利，人们永远纪念他。他虽然被史书诬陷为"草寇"，但在侗家人心目中，他是英雄。每年农历六月逢辰日，寨母都要过节。其他杂姓也要过节。这一天是一年中除了春节之外最隆重的节日。据说逢辰日过节原来是为了寨母首先建寨，并纪念林家的祖先。出了林王以后，就以林王为主了。

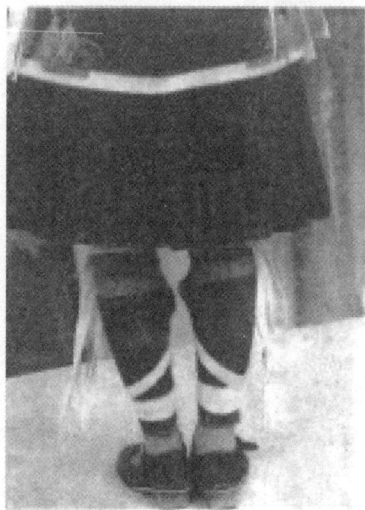

侗族女子服饰

（二）"行歌坐月"中的爱情

侗族男女青年婚前都有比较自由的恋爱活动，通过"走寨""走坡"等形式社交，但也必须托媒说亲，征得父母同意才能结婚。在美丽的侗乡，青年男女到了一定年龄就开始社交，"行歌坐月"了。"行歌坐月"就是谈情说爱，一般都是农闲季节盛行。很多侗寨有专门的"月

侗寨鼓楼的民族风情

堂"，即吊脚楼供年轻人聚会，多数是小伙子到姑娘家去与姑娘对歌交游。夜幕降临了，寨子里的小伙拿着自制的牛腿琴、琵琶等乐器，踏着星星点点的月光，一面拉着琴弦，一面哼唱邀约歌，从喜爱的姑娘吊楼下走过。琴声歌声拨动了姑娘的心弦，于是，她们急忙放下手中的活计，推开窗子往吊脚楼下窥视，见是自己喜欢的人来了，就打手势，示意他可进楼。如果是自己不喜欢或不认识的人来邀约，她们就急忙将窗户关起来不去搭理。假若那小伙子不肯离开她的吊脚楼、打口哨、呼喊，或用竹竿敲打她家的窗子和板壁，耐性好的姑娘虽然不做声，但她的家人会出来干涉，如果还不走，一瓢冷水从窗子上泼下来，意思是叫你快走开。

"行歌坐月"爹妈是不阻拦的。因为他们觉得儿女谈情说爱是有人看得起，脸上光彩。对歌时，小伙子弹琴，姑娘仍在做手中活，但她们都在仔细听，心中在想以什么歌来答最好。在不同的季节要唱不同的歌，在问答式的对唱中，最容易看出谁懂得的事理多，见识广。许多青年就是在这种"行歌坐月"的社交活动中加深了

侗寨鼓楼的民族风情

侗族祭萨场面

解，最后建立了美满幸福的家庭。　　过去妇女妇女婚后有"不落夫家"的习俗，解放后大都有了改变。婚后新娘即返娘家，遇有农忙、节日或有重要事情时，接回夫家住数日后返娘家，直到怀孕生子后才长住夫家。上门入赘的情况比较普遍。侗族同宗不能结婚，流行姑舅表婚，禁止姨表婚，重舅权。

过去在湘桂、黔边境地区的部分侗族山寨，还保留有古代的"抢亲"婚俗。"抢亲"的方式各地不一，基本上都是男女双方自愿的，在迎娶的当晚，故意将新娘藏起来，男方则半夜来设法将新娘"抢"走，抬上花轿，吹吹打打高兴而归。

（三）神秘面纱下的宗教信仰

侗族群众信仰多神，有自然崇拜、灵魂崇拜、祖先崇拜。以鸡卜、草卜、卵卜、螺卜、米卜、卦卜测定吉凶。其他信仰有佛教、道教、基督教。佛教在明代以前已传入侗区。清代中叶黎平县境有寺、庙、庵、宫一百处，民国末期尚存五十二处。《三江县志》载，清代至民国年间，三江有寺庙十二座。但虔诚信佛的侗族不多。道教在明代也已传入侗族地区。侗乡的道士多为居家道士。这类道士不在道观出家，居住在自己家里，专为亡人做道场或为地方打太平醮。基督教也曾传入侗乡。20世纪20年代，先后有外国和中国的牧师到三江、榕江、黎平传教，在三江富禄、林溪、古宜和榕江的乐里，杨洞等地开设教堂。但侗族信奉者寥寥。

在侗族的宗教信仰中，最重要的是萨崇拜。侗乡南部地区普遍崇拜的女性神，称为"萨岁"意为始祖母，是最高的保护神。人们都认为她神通广大，能主宰人间一切，能影响风雨雷电，能保境安民，能镇宅驱鬼。在黎平、榕江、从龙胜、三江、通道等地侗寨里都建有萨坛。萨坛盖在寨

侗族萨坛

侗寨鼓楼的民族风情

子中间比较清静的地方，一般都是露天坛，一个半圆形的土堆，四周砌石块。萨坛往往有专人看守。守坛者或世袭，或由卜测产生。萨是寨子的最大保护神，建寨子时就要考虑萨的存在，建立萨坛是寨子的一件大事，称为安殿。萨坛建成后，要举行安殿仪式。全寨男女身穿盛装，在萨坛前踩歌堂，吟唱《萨之歌》，歌颂萨的功德，冀求萨的保佑。侗族对萨最为虔诚，时不时要奉祀这位老祖母。初一、初十要烧香敬茶。每年的新春是祭萨的日子，届时全寨男女集合在萨坛。年轻妇女们手牵着手或手搭着肩围着坛前石坪边唱边舞，祈求萨在新的一年里降福消灾，保寨安民，风调雨顺。祭毕，众人围坐萨坛就餐，表示与萨

祭萨仪式上要吹芦笙

共进午餐。这时，鸣锣燃炮，男的吹笙前导，女的随后又边歌边舞。在春节，寨里男女歌队、戏班或芦笙队要出发去别的村寨，也要先到萨坛前祭祀，以求出行顺利。古代，寨众出师抵御外敌时，更要祭祀萨，祈求萨的庇护刀枪不入，胜利班师。

关于这位始祖母的身世，传说是一位为维护侗族先民利益而牺牲的女英雄。侗族崇拜萨岁实际上是一种祖先崇拜。长期以来，在侗族民间形成了一整套萨文化，包括有关萨的传说故事和歌谣、踩歌堂、吹芦笙以及各种敬萨祭萨活动，在侗族文化史中占有重要地位。

（四）侗寨旅游

侗寨鼓楼的民族风情

三宝侗寨属榕江县车江乡，位于县城以北黔东南最大的平坝上。整个三宝侗寨由许多大小不一的寨子组成，绵延十余公里，可分为上宝、中宝、下宝三个部分，是侗族极为密集的地方，"千户侗寨"的称号绝对当之无愧。景区由章鲁、寨头、莫堂三个自然村寨组成，有八百余户，三千多人。游人到此，首先看到的是一座拔地而起的二十余层的七彩鼓楼，鼓楼是新建的，因此外观虽然很漂亮，却少了古朴的感觉。寨子里则是一幅幅侗族生活场景的画卷：这里家家务农，户户纺纱。值得一提的是，这里的章鲁村是侗语标准音的发源地。也就是说，这里的侗语是侗族的"普通话"。从荫堂寨到章鲁寨，约一公里的河岸是古榕最为密集的地段，组成了世界上罕见的古榕群。这些

三宝侗寨

榕树根叶茂盛，是车江侗寨的"风水"林。一棵棵高达二十余米、胸围达三米以上的古榕树，就如同一把把巨大的绿伞，傲然撑展在河堤上。这些倔强的生命所造就的种种离奇景观令人叹为观止：河堤上游的一株古榕竟将一座功德碑用根须层层包裹起来，人称"古榕包碑"；一棵树上长出了榕树和苦楝树，成为榕树与苦楝树的合体，别号"生死恋"；一棵古榕树与一棵古枫树相拥而生，长成了"至爱榕枫"……

三宝侗寨风光

在河畔遮天蔽日的古榕树荫里，一座白色大理石塑像分外耀眼。塑像中的男女名字叫珠郎、娘美，一对生相俊美的情侣，因为极其悲壮惨烈的情事而为人们所惦念。有关于他们的故事，石碑上有简要的记述，而听寨子里的老人娓娓道来，就更多了几分哀怨，几分曲折。

六百多年历史的高增侗寨有三座鼓楼，分属上寨、下寨和坝寨三座寨子。其中两座十七层，高近三十米，另一座十三层，高二十多米。三座鼓楼都有醒目的攒金宝顶，全部用柱枋凿穿，相互交插而成，不用一钉一铆，工艺精湛之至。

高增的大歌很有名。无论是沉重忧郁的

侗寨鼓楼的民族风情

小黄侗寨居民一景

创世古歌还是热情奔放的情歌，在这里都可以听到。当地男女青年从相识到相知、相爱到结为伉俪，也都离不开"对歌"这一传统。因为总有人要恋爱，所以到了高增，不怕听不见对歌、遇不见"月夜行歌"。高增的节日众多。节日期间，大歌就不必说了，斗牛比赛和侗戏也是少不了的节目，而且高增素来有"美女之乡"的美誉，高增女人的节日盛装，是侗族中最雍容华贵的服饰，全身的银饰加起来要有十余公斤重。

小黄侗寨包括小黄、高黄、新黔三个寨子，有六百户、三千多人。小黄的侗歌在侗乡中很有名，侗语称之为"嘎小黄"，即"小黄的歌"。
"侗歌之乡""中国民间艺术之乡""清泉闪光"，
无论这些名号有多么动听，都比不上小黄的歌
声悦耳。大山深处的小黄与外界交流十分有限，
整个村寨都保持了比较原始的风貌，许多古老的
习俗也被完好地保留下来，演唱大歌便是其中
之一。小黄的侗家姑娘不仅极善于歌唱，而且
非常热情。对于远方客人想听歌的请求，她们
的回答便是让你坐在她们的膝盖上听她们演唱。
这种古朴风俗时常使得游客手足无措，其实，入
乡随俗才好。在小黄，回归自然是最佳的选择。

黎平天生桥位于贵州省东南部黎平县境内，
在黎平县城德凤镇东北 16 公里处，距贵州省会

古朴的侗寨

侗寨鼓楼的民族风情

贵阳 460 公里，清水江支流福禄江穿流而过。天生桥与八舟河景区和黎平城关人文景区（历史文化名城）紧密相连，是黎平侗乡风景名胜区内主要景点之一。黎平天生桥为天然石拱桥，全长 256 米，主拱横跨福禄江上，跨度 138.4 米，桥宽 118 米，拱高至水面 36.64 米，拱顶岩层厚 40 米；附拱拱跨 78 米，高 28 米，宽 119 米。仅主拱跨度就远大于目前世界吉尼斯记录美国犹他州天生桥雷思博桥（跨度 88 米，高 30 米），黎平天生桥在 2001 年 1 月 15 日正式获得吉尼斯世界之最证书。黎平天生桥雄伟壮观，气势宏大，其结构之精致，拱弧之圆率，拱底之光滑、拱顶岩层之规整，丝毫不假人手，纯天然而成，不能不让人惊叹大自然的鬼斧神工。天生桥桥身有石洞数个，有的可通桥顶，有的则深浅不一，洞中有无数蝙蝠栖息其中。桥顶和桥壁两侧石柱、石笋、石岩千姿百态，有似长夜明灯、有似威猛武士，有的则像天马行空隐然欲去。绝壁之上，古松怒立，植被葱茏，环境幽深绝伦。天桥之下，流水潺潺，波光粼粼；碧潭之内，山光树影，倒映其中。每当阳光斜照，鸟语、松风、流水声相互晖映。古人曾有诗赞曰："人凿难施鬼斧穷，天心

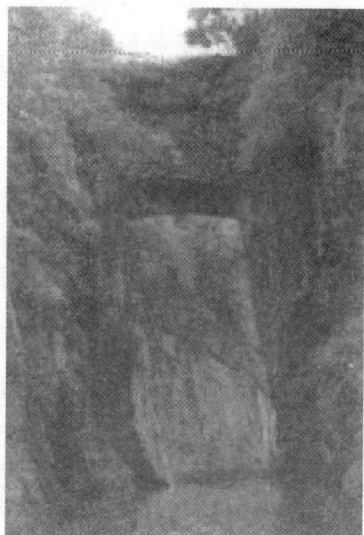

黎平天生桥

侗寨鼓楼的民族风情

穿出地玲珑，两山壁上鼋梁架，巧妙争传造化工。"
黎平天生桥的确是举世无双的天然石拱桥。

（五）民族禁忌

禁忌，每一个民族，由于环境的不同、对大自
然认识的不同等等，各民族在许多方面都有禁忌。
正因为如此，由于不同的生活习俗，形成了如今文
化的差异。而由于这种文化的差异，产生了一种神
秘的魅力。

生产禁忌

每年第一声春雷响后，每隔十二天即为忌雷日
（如该日系子日，则逢子日均忌雷），不能下田劳动。
立春后的五个戊日，也忌下田，认为如不忌戊五，
会触犯"土神"，于生产与身家不利。因此，到了

侗寨风光

逢戊这天，人们互相提醒"戊不动土"。有的地方还有二月、九月的丑日与未日忌下种、做庄稼、竖房，四月、十月的申日忌挖田翻土；秧苗未出水前及栽秧结束前有忌吹芦笙、扇扇子等禁忌。

生活禁忌

忌对着太阳、月亮小便；太阳将落山时忌见到人打桩，怕夹到自己的魂魄；忌天火（大流星）掉进寨，怕受火灾；忌鸡早啼、牛夜叫，认为是火灾之兆。忌清早说死、杀、鬼等凶语，否则不吉利。忌在野外碰见兽类及蛇等动物的尸首，认为见了会家破人亡。传说见了蛇蜕皮、交尾、男女野合，也会恶疾缠身，不治而亡。忌正月巳、亥日出远门或上坡；每月逢七与九日忌出远门等。

婚礼禁忌

在缔结婚姻时，忌同姓结婚；还有五行相克不婚（尤不喜水克火），十二属相相冲不婚（有羊怕鼠、蛇怕虎、龙怕虎、马怕牛、金鸡见犬泪交流之说）。有的地区忌正月、三月、五月嫁娶、定亲，忌寅年婚嫁，接亲时忌碰见孕妇或办丧事的场面。新嫁娘忌在半路说话。新娘进新郎家门时忌碰见新郎家人，全家要回避，否则不睦。陪嫁的箱子、

侗寨夜景

侗寨鼓楼的民族风情

侗族谷仓

水桶、盆忌空去，一定要用他物或米充实；已嫁之女，回娘家时忌开禾仓、拿炊具。

丧葬禁忌

忌猫跨过尸体；忌铜铁附在尸上入棺；非正常死亡者入堂屋停尸，其家庭成员忌参加竖鼓楼、架梁，忌进入圣母坛；殁于外者尸体或棺柩忌入寨；忌带孝进入别家；未出殡前寨中老幼忌吃荤，但可吃鱼；丧葬一月内忌外出远门或借钱、米等物。

妇幼禁忌

妻子怀孕，丈夫忌抬棺木、寿板；孕妇忌在娘家分娩，必要时，另搭一棚守月。忌生怪胎，一经出现认为是做了坏事的报应，于是对畸形婴儿不捡不养。产妇未满月忌到别家。产妇分娩时，忌外人进屋，三天才解禁。婴儿忌肉食，一岁时可解禁。忌小孩数天上星星，认为会短寿。